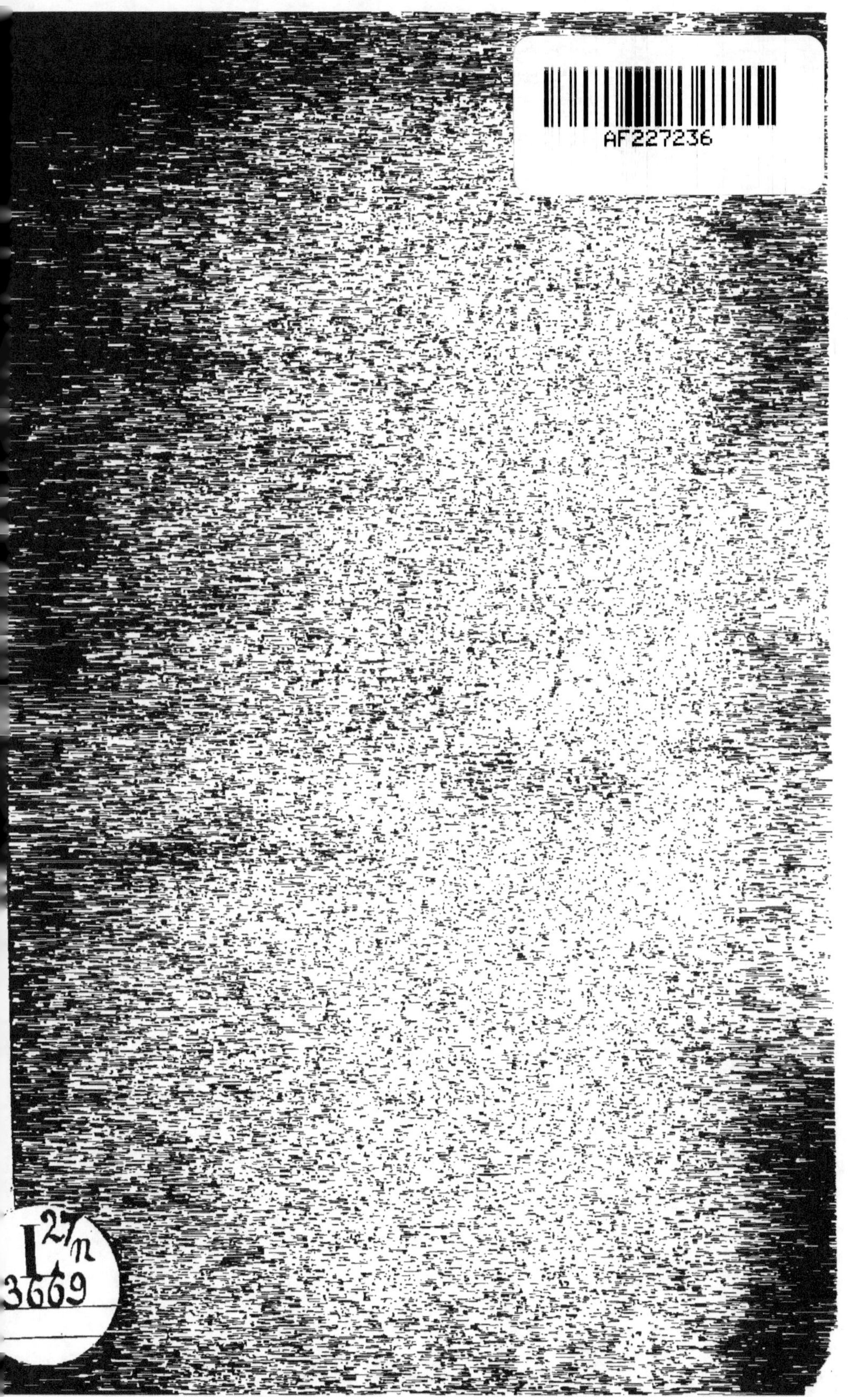
AF227236

BÉNÉDICTION SOLENNELLE

DU

RÉVÉREND PÈRE ABBÉ

DE LA

TRAPPE DE BELLEFONTAINE

DANS LA

CHAPELLE DU PETIT SÉMINAIRE MONGAZON

Le 19 mars 1867.

ANGERS

E. BARASSÉ, IMPRIMEUR-LIBRAIRE DE Mgr L'ÉVÊQUE ET DU CLERGÉ.
Rue Saint-Laud, 83.

1867

BÉNÉDICTION SOLENNELLE

DU

RÉVÉREND PÈRE ABBÉ

DE LA

TRAPPE DE BELLEFONTAINE.

Le 19 mars avait lieu au Petit-Séminaire une fête qui marquera dans les souvenirs de cette maison comme une des plus belles, des plus émouvantes et des plus fécondes en enseignements. C'était la bénédiction du Révérend Père JEAN-MARIE CHOUTEAU, abbé de la Trappe de Bellefontaine. Six ans à peine s'étaient écoulés depuis que le nouvel Abbé avait quitté Mongazon. Tous les maîtres et bon nombre d'élèves l'y avaient connu. Et Mongazon le revoyait placé au premier rang, à l'âge de vingt-six ans, par les suffrages de ses aînés en religion, recevant de notre vieil et saint Evêque, au milieu des rites les plus touchants, les insignes de sa haute dignité, frappant tous les regards par le doux éclat des vertus empreintes sur ses traits, enfin, étendant ses mains toutes ruisselantes de grâces sur ceux qui avaient été ses pères et ses frères et leur donnant ses premières bénédictions !

Il faudrait, pour retracer les souvenirs de cette grande fête, une plume exercée. Il eût été facile, je ne l'apprends à personne, d'en trouver plus d'une autour de moi. Pour moi, je n'ai qu'un titre : celui de condisciple de cours du R. P. Jean-Marie. On a jugé qu'il devait l'emporter sur tout autre. Je me suis rendu, imprudemment peut-être, à cet avis ; du moins ai-je apporté à ma tâche, à la fois difficile et attrayante, la bonne volonté et le cœur d'un ami.

Aussitôt que le choix de ses frères l'eut mis à leur tête, le R. P. Chouteau pensa à cette humble chapelle qu'il aimait tant, parce que « son âme y tressaillit au premier contact de son Dieu. » Il exprima le désir d'être béni à Mongazon : touchante préférence qui comblait tous nos vœux. On eut à cœur de le lui prouver en acceptant avec empressement, et en se mettant à l'œuvre avec un zèle infatigable.

Maîtres et élèves sacrifièrent à l'envi leurs heures de récréation et de sommeil, de longues heures quelquefois ; aussi, le grand jour venu, le réfectoire était si beau avec ses blanches colonnes semées de roses, ses nombreux pendentifs, ses légendes encadrées dans des fleurs ; le cloître si frais et si gracieux avec ses écussons aux armes des diverses maisons de la Trappe et ses capricieux festons de verdure ; la chapelle surtout si éclatante avec son luxe de guirlandes et ses mille oriflammes, que nous ne savons lequel louer davantage, du prodigieux travail ou du goût parfait de nos décorateurs. — Ici nous sommes fort à l'aise dans nos éloges : nos paroles seront à coup sûr ratifiées par tous ceux qui ont vu la maison ce jour-là ; de l'aveu de tous, on ne pouvait mieux faire (1).

Le Révérend Père avait choisi pour sa bénédiction la fête de saint Joseph. Ce choix s'explique. Il est enfant de la paroisse Saint-Joseph ; et puis le culte de ce grand Saint prend tous les jours des proportions plus grandes. Monga-

---

(1) Qu'il nous soit permis, à titre de reconnaissance, de citer ici les noms de MM. Fautras, Béziau, Fournier et Combes.

zon n'est pas demeuré en retard : on aime à y prier Saint Joseph comme l'un des plus puissants patrons de la jeunesse. Habitué qu'il est depuis ses plus tendres années à l'aimer, à placer en lui sa confiance, on comprend que le nouvel Abbé ait voulu lui faire hommage de sa dignité, et aussi appeler sur l'acte le plus solennel de sa vie les bénédictions du glorieux Patriarche.

Dès la veille, les cœurs étaient en fête, et les visages d'autant plus radieux que les âmes étaient plus pures. Si les mains des enfants de Mongazon avaient paré leur demeure pour recevoir un frère, leurs âmes s'étaient parées pour recevoir Jésus, le frère et l'ami des enfants. Aussi le matin, avant toute autre joie, ils goûtèrent celle de la sainte communion, et ce fut Jésus sans doute qui les garda si recueillis, si pieusement attentifs pendant la longue cérémonie, et si doucement gais le reste de la journée.

Une assistance choisie, composée en grande partie de la famille du Père Abbé et des parents de nos élèves, était venue embellir notre fête et prendre sa part de notre joie. Qu'il nous soit permis d'exprimer ici notre reconnaissance à cette noble dame qui, après avoir mis si généreusement à notre disposition tant de riches et gracieuses oriflammes, a voulu en ce jour nous honorer de sa présence et s'associer à notre bonheur.

M. le Supérieur avait eu la délicate attention d'inviter à la cérémonie, parmi les anciens condisciples laïques du Père Jean-Marie, tous ceux qui autrefois faisaient partie de son cours. Ils nous ont rendus bien heureux, les uns en venant près de nous, les autres en nous montrant, par l'expression de leurs regrets, qu'ils ont bien fidèle la mémoire du cœur.

Ceux que la main de Dieu avait conduits au séminaire en même temps que l'abbé Chouteau devaient aussi goûter cette joie de famille. Avec lui ils avaient appris à connaître

Dieu et à l'aimer, ils avaient été les témoins de ses rares progrès, il convenait qu'ils fussent près de leur frère au jour du triomphe de ses vertus. Ami (laissez-nous vous donner encore ce nom qui n'ôte rien à notre respect), nous sommes fiers de vous voir désormais au-dessus de nous! Gardez bien cet anneau que vos frères de Mongazon et vos frères du séminaire ont mis à votre doigt ; s'il est pour vous le symbole d'une nouvelle union avec d'autres cœurs, il vous rappellera en même temps vos premières amitiés.

Des prêtres vénérables par leur âge et par leurs vertus étaient venus, eux aussi, honorer l'Elu de Dieu, chez qui les vertus ont devancé l'âge, M. Bompois et M. Chesneau, vicaires généraux, M. le Supérieur du Grand-Séminaire, M. le curé de la cathédrale, M. le curé de Saint-Joseph, M. le Supérieur du collége de Beaupréau, M. Laroche, directeur au séminaire, à qui Dieu avait confié la tâche d'éprouver et de guider notre ami dans cette belle vocation. Nous ne pouvons les nommer tous ; disons pourtant que ceux de ses anciens maîtres qui ont quitté le collége avaient été convoqués, et qu'ils étaient heureux de voir maintenant si grand et si saint celui dont ils ont autrefois cultivé le cœur. Remercions aussi M. Lamoureux, maître des cérémonies de la cathédrale, qui nous prêtait ce jour-là son précieux concours avec la plus parfaite obligeance.

Monseigneur fit son entrée solennelle dans la chapelle précédé du clergé, puis du nouvel Elu. Celui-ci était assisté par le Révérendissime Dom Timothée, abbé de la Grande-Trappe, et par le Révérend Père Eutrope, abbé démissionnaire de Gethsémani, deux vétérans de la pénitence, sur les traits desquels on lit toute une vie d'austérités. Sans la maladie qui l'a retenu au dernier moment, nous aurions vu près d'eux le R. P. Abbé de Melleray, accompagné d'un de ses religieux, le R. P. Pierre, un enfant de Mongazon, qui, après avoir étudié sous le célèbre Père Debreyne, remplit à Melleray les fonctions de médecin. Que tous deux veuillent bien agréer l'expression de nos regrets.

Les bons Pères de Bellefontaine, qui ont renoncé pour nous au bonheur d'avoir chez eux cette touchante cérémonie, et à qui nous savons gré de ce nouveau sacrifice, avaient aussi leurs représentants parmi nous : le Révérend Père Marie-Bernard et le Révérend Père Vincent de Paul. Pourquoi de graves raisons, que nous comprenons trop bien, nous ont-elles privés en ce beau jour de l'aimable Père Marie-Théophile, ancien élève de Mongazon, et de notre bien-aimé frère Marie-Ephrem, autrefois condisciple du Père Jean-Marie et le nôtre, devenu aujourd'hui le sujet le plus soumis de son ancien condisciple, après avoir été un an notre confrère à Saint-Urbain ?

On ne s'attend pas à ce que nous disions ici toutes les pensées que firent naître en notre âme ces rites inconnus, dont la grandeur naïve charmait nos regards ; mais comment ne pas relever en passant cette cérémonie imposante où la même pensée vint à tous? Il allait être élevé au-dessus des autres: il convenait qu'il s'humiliât, pour se mieux pénétrer de son néant. Pendant que les voûtes résonnaient pour lui du champ grave et solennel du *Miserere,* pendant que l'évêque le recommandait à tous les saints du ciel, il était là, lui, couché sur le pavé du sanctuaire, suppliant Dieu de verser dans son âme cette grâce vivifiante qu'il a promise aux humbles, *adhæsit pavimento anima mea; vivifica me secundum eloquium tuum.*

Qu'il était beau, lorsqu'au sortir du divin banquet, l'Evêque le couronna de la mitre ! La crosse l'avait fait pasteur ; l'anneau l'avait fait époux ; la mitre le faisait roi, et il commençait son règne en répandant sur nous l'abondance des grâces célestes dont Dieu venait d'enrichir sa main. Pendant

qu'il parcourait ainsi la chapelle, bénissant en père ces prêtres, qui tant de fois l'avaient béni comme leur enfant, ces
jeunes gens, qui naguère encore partageaient ses travaux et
ses jeux sous les soins d'un même père, cette mère, que
Dieu récompensait alors d'avoir donné à l'Église un tel fils,
on chantait le cantique d'actions de grâces. Pour nous, nous
essayâmes plusieurs fois de remercier Dieu de la voix, mais
en vain ; l'émotion débordait de notre cœur, et les larmes
qui mouillaient nos yeux purent seules lui dire notre reconnaissance.....

Dieu venait de communiquer sa paternité au jeune homme
par les mains du vieillard ; il fallait aussi que le vieillard,
instrument de la bonté divine, eût sa part dans l'action de
grâces. L'Abbé se mit donc à genoux devant l'Evêque et
chanta ces simples paroles : *Ad multos annos*. Elles vou-
laient dire : « Père, vous êtes vieux sans doute ; mais Dieu
ne nous aime-t-il pas assez pour vous donner une vie aussi
abondante en jours que celle des patriarches, comme elle
aura été aussi riche en vertus ? Et puis, derrière les années
qui passent, apparaissent les *années éternelles,* et c'est à
celles-là surtout que je pense pour vous. »

Comme pour prouver sur l'heure que ce souhait était
exaucé, Monseigneur, toujours infatigable, monta en chaire.
Avec ce délicieux à-propos qui caractérise toujours sa parole, il nous raconta le vieux Samuel, cherchant dans la
maison d'Isaï le roi choisi du Seigneur ; tous les fils d'Isaï
passant devant le prophète, et le prophète disant toujours :
Ce n'est pas encore lui, *nec hunc elegit Dominus ;* enfin le
jeune David se présentant après tous ses frères et recevant
des mains du vieillard l'onction royale, car c'était lui, le
plus jeune, que le Seigneur avait choisi. Allusion transpa-
rente autant que gracieuse ! Nous écoutions un nouveau
Samuel qui venait de bénir un autre David.

Ensuite, tirant parti du nom même de Bellefontaine, Monseigneur ajoutait : « Bénissez le Seigneur, fontaines. *Belles Fontaines*, remerciez-le du don qu'il vous fait aujourd'hui, *benedicite, fontes, Domino ;* et vous, calmes solitudes, embellissez-vous de toutes les fleurs du Ciel ; que la jeunesse de cet Elu de Dieu rajeunisse tout sur vos rives !..... Pour Nous, quand Dieu nous le permettra, nous nous ferons une fête d'aller puiser à vos sources la fraîcheur de cette paix que le monde ne peut pas nous donner. »

Après ces paroles, Monseigneur fut reconduit processionnellement jusqu'aux appartements de M. Mongazon. Les élèves de Saint-Urbain, sortis les premiers de la chapelle, se rangèrent le long des cloîtres ; à leur suite se placèrent ceux de Mongazon, et le cortége s'avança doucement, au joyeux chant du *Magnificat ,* sous un berceau de verdure, parmi les enfants et les fleurs. « Ah ! que n'ai-je vu avant d'écrire ? » disait les larmes aux yeux le jeune poète que son cœur seul avait déjà si bien inspiré.

Le réfectoire attendait à son tour nos nobles hôtes. Au fond de l'hémicycle, on avait placé le buste de M. Mongazon. « Me voici, semblait dire le vieillard dans une légende qui flottait au-dessus de sa tête, et voici mes enfants que le Seigneur m'a donnés. *Ecce ego et pueri mei quos dedit mihi Dominus.* Oui, il était là, le bon Père ; son cœur, qui nous reste, avait tressailli, ce semble, en se sentant entouré d'une si nombreuse postérité, récompense de ses vertus.

Sur une autre inscription on lisait ces paroles : *Sit fratribus meis et tibi pax, et domui tuæ.* Je ne sais si les enfants, même les plus petits, l'avaient comprise et goûtée : leur joie se montrait paisible et n'éclatait que dans ce refrain traditionnel où se perpétuent, avec le nom d'Urbain, d'autres noms bénis comme le sien.

Une mélodie plus savante succéda à ces chants de famillé. L'Ouverture du *Jeune Henri* fut aussi bien exécutée que chaleureusement applaudie. L'honneur en revient au nouveau professeur, qui a si bien pris à tâche de remplacer en tout celui qui l'a précédé, par le talent commé par le dévouement pour Mongazon.

Après la musique, la poésie. Ce n'était pas trop de ce double langage pour traduire les sentiments qui débordaient de tous les cœurs. M. Léon Bellanger, élève de rhétorique, lut d'une voix attendrie cette pièce de vers dont nous ne ferons point l'éloge; nous préférons la citer presque en entier.

I.

Au sein de la Vendée, en cette noble terre
Fière de ses moissons, fière de ses enfants,
Dans l'ombre et dans la paix s'élève un monastère
Loin des regards du monde et de ses soins bruyants.
Seuls, le ruisseau qui fuit murmurant sous l'ombrage,
Le souffle de la brise agitant le feuillage,
Animent doucement ce tranquille séjour,
Et leur murmure encor semble être une prière;
En ces lieux on dirait que la nature entière
S'est recueillie et chante un cantique d'amour.

Mais ce silence couvre une lutte sublime;
Répondant à l'appel du Dieu qui l'a choisi,
Là, le chrétien parfait, volontaire victime,
S'arme contre lui-même et combat sans merci.
Jamais il ne retourne un regard en arrière
Vers les faux biens auxquels son cœur a dit adieu;
Par la charité seule il touche encor la terre,
Travaille, adore, prie et ne parle qu'à Dieu.
Là, les soldats du Christ, aimant la seule gloire
Qu'aima leur chef divin, arment leurs bras vaillants

Des rudes instruments de sa grande victoire,
De la sanglante croix et des fouets sanglants.

Quand nos péchés, pareils à ces vapeurs d'orage
S'élevant vers le soir des marais empestés,
Sur nos coupables fronts ont formé le nuage
Qui roule le tonnerre en ses flancs irrités ;
De leurs cœurs pénitents l'amour et la prière,
Comme le pur encens qui monte du saint lieu,
S'élèvent vers le Ciel, apaisent sa colère
Et dérobent la foudre au bras vengeur de Dieu.

C'est là que jeune encore il vint cacher sa vie.
L'amitié lui peignit ces lieux comme un tombeau ;
Mais en vain, car il sent sa généreuse envie
S'enflammer davantage à ce sombre tableau.
Le monde lui vantant la liberté, ses charmes,
En vain de son sourire a voulu le troubler ;
Ses parents à ses pieds ont pleuré, mais leurs larmes
Déchirèrent son cœur sans pouvoir l'ébranler.

Il cherche le silence et l'ombre ; il ne demande
Qu'à se sacrifier, qu'à prier, à souffrir.....
Dieu parle ; désormais faudra-t-il qu'il commande,
Lui dont l'ambition n'était que d'obéir !
Mais bientôt ces pensers n'ont plus rien qui l'arrête ;
L'humble religieux ne connaît point de choix ;
Victime obéissante, il sait courber la tête ;
Et *l'amour pour son cœur adoucit cette croix* (1).

II.

Oh ! quand vous le verrez paraître au sanctuaire,
Entonnez à l'envi l'Hosanna triomphant ;
Que votre joie éclate, amis, c'est notre frère ;
Soyez heureux et fiers, maîtres, c'est votre enfant!

---

(1) *Crux amore dulcescit*, devise du R. P. Jean-Marie.

Entremêlez sur son passage
Festons, guirlandes de feuillage,
Etendards aux mille couleurs ;
Que la pourpre lui fasse un trône,
Et que vos mains de sa couronne
Changent les épines en fleurs.

Parez, parez l'humble chapelle,
Où Dieu, pour la première fois,
Fit goûter à ce cœur fidèle
Les charmes secrets de sa voix.
Ainsi qu'aux plus beaux jours de fête,
Que l'or sur l'azur se reflète,
Que tout y charme les regards ;
Que rien ne manque à sa parure,
Et que la naissante verdure
Se mêle aux flottants étendards.

C'est là qu'il a forgé ses armes,
Le brave et fidèle soldat,
Là qu'il goûta les premiers charmes
Du saint et généreux combat.
C'est là qu'aux biens trompeurs, son âme
Commença l'éternel adieu ;
C'est le foyer d'où cette flamme
Plus vive s'élança vers Dieu.

C'est là que, par la grâce humble plante arrosée,
Il reçut chaque jour la féconde rosée
Qui, dans son jeune cœur, descendait de l'autel.
Maintenant libre et fort, son tronc puissant s'élève ;
Le lierre à ses rameaux agrandis, pleins de sève,
S'attache, et soutenu montera vers le Ciel.

En festons gracieux la feuille s'est tressée ;
Tout chante, tout sourit. Par la brise bercée
L'oriflamme s'agite en ondoyants replis ;
La cloche dans les airs doucement balancée

Jette un joyeux appel, et la foule empressée
  Du temple en fête inonde les parvis.

. . . .

. . . .

Avec quel saint respect l'œil attendri s'arrête
Sur le moine incliné, courbant sa jeune tête
  Sous la prière du vieillard !

O Père, en ce moment un céleste sourire
Rayonnant sur ton front à tes fils semblait dire :
Vous avez un soutien, une gloire de plus !
Et nous, que ton amour aime à combler sans cesse,
Nous disions que le Ciel, pour payer ta tendresse,
Au cœur d'un fils d'Urbain fait fleurir tes vertus.

Et comme le guerrier que sa force délaisse,
Abandonne la lutte avec moins de tristesse
Quand il voit dans ses fils revivre sa valeur ;
Ainsi, loin des combats que ta vaillance honore.....
Loin des combats ! Oh non !.... Père, l'Eglise encore
  A besoin de ton cœur.

Glorieux vétéran d'une lutte si belle,
Tandis que dans la plaine, armé pour sa querelle,
Tu vengeras l'Eglise et ses droits méconnus,
Celui qui sous ta main bénissante s'incline,
Moïse suppliant, sur la sainte colline,
Vers Dieu, sans se lasser, tiendra ses bras tendus.

Le Père, à ne consulter que son humilité, eût voulu garder
le silence ; mais il aima mieux, comme il nous le dit, écouter
son cœur. Cette couronne de petits frères, de maîtres et
d'amis suspendus à ses lèvres, la modestie de sa contenance,
une certaine timidité dans sa voix, tout cela, joint aux plus
touchants souvenirs, relevait singulièrement son discours et
donnait à ses paroles un charme que nous ne pouvons pas
rendre. Il y avait des larmes dans tous les yeux ; chaque

phrase, pour ainsi dire, était accueillie par un applaudisse-
ment. Il nous a prouvé qu'à la Trappe, quoiqu'il en ait dit,
en apprenant à être modeste, on ne désapprend point à
parler, et que la sainteté donne au sentiment je ne sais quelle
fleur de délicatesse.

Voici, du reste, ses paroles, que nous garderons comme
un des meilleurs souvenirs de cette fête :

MONSEIGNEUR,

MES RÉVÉRENDS PÈRES,

Il y a quelques jours, M. le Supérieur de cette maison m'é-
crivait pour me demander de dire quelques mots à la suite de
cette cérémonie si belle pour tous, et pour moi si touchante et
si grave.

Mon premier mouvement me porta à envoyer pour réponse
à M. le Supérieur ces simples paroles du Prophète : *Domine,
nescio loqui !*

Et, en effet, je ferais peut-être mieux de ne point ouvrir la
bouche. La Trappe n'est point une école d'éloquence ; on n'y ap-
prend qu'à se taire. On dit que c'est un art difficile que celui
de savoir garder le silence : autrefois ce sentiment a pu être le
mien ; il est aujourd'hui, je n'en puis guère douter, celui de
plusieurs de mes jeunes frères de Mongazon ; mais, il faut bien
que je l'avoue, en ce moment mon opinion n'est plus la même,
et malgré cette autorité respectable qui est contre moi, je
trouve qu'il me serait plus facile de me taire que de parler.

Cependant, Monsieur le Supérieur, il ne m'était pas possible
de vous désobéir. Je ferai donc ce que vous me commandez et
ce que demande aussi pour moi le Pontifical, par ce dernier avis
qu'il me donne : « *Abbas Pontifici et Assistentibus, pro more,
gratias agit.* »

J'avais lu et médité dans le silence de ma retraite les enseignements et les conseils que me donne cet admirable livre ; j'avais savouré délicieusement toutes les prières qui devaient être faites pour moi, toutes les bénédictions que le saint Pontife devait appeler sur ma tête, quand mes yeux s'arrêtèrent sur cette dernière recommandation : « *Abbas Pontifici et Assistentibus, pro more, gratias agit.* »

Alors, Monseigneur, s'éveillèrent en moi les plus doux souvenirs, tous les plus beaux jours de ma vie sortirent de l'ombre du passé et me redevinrent présents, toutes les joies pures qu'avait goûtées mon âme revivaient ensemble, et toujours et partout votre douce image était mêlée à tout ce qui m'a fait heureux.

Vous étiez là quand mon cœur tressaillit au premier contact de son Dieu. Ici, dans cette maison où les beaux jours se succèdent avec tant de fidélité, si quelques-uns m'apparaissaient plus joyeux encore et plus animés que les autres, c'est que vous étiez là, comme le meilleur des Pères au milieu de ses enfants bien-aimés. Puis je me voyais à l'ombre d'un autre sanctuaire ; une parole qui m'était apportée du ciel avait retenti à mes oreilles ; je n'avais plus qu'un désir, je ne formais plus qu'un vœu ; avec quelle reconnaissance je reçus la permission que vous me donniez de venir me cacher dans mon désert ! Trois fois je franchis le seuil de ma solitude, j'allais toujours vers vous, et vous me renvoyiez toujours plus heureux : vous me renvoyiez Sous-Diacre, Diacre, Prêtre.

Je ne sais, Monseigneur, si ce qui s'est passé depuis doit être mis au compte de mes bonheurs. Mais si je laissais s'échapper une plainte, elle ne pourrait s'adresser à Votre Grandeur. Vous ne m'avez pas chargé du fardeau ; dès que vous l'avez vu sur mes épaules, avec une bonté touchante, vous m'avez tendu la main ; vous m'avez promis de guider mon inexpérience et de soutenir ma faiblesse. Vous venez de consacrer ce qui a été fait en me bénissant, et votre bénédiction, je le sais, vous me l'avez donnée avec bonheur.

Ah ! il n'était pas besoin de me recommander de vous rendre grâces : ce que l'on me prescrit comme un devoir, je le sens comme un besoin irrésistible. Oui, Monseigneur, je vous remercie, et jamais il ne me sera possible d'oublier ce que je vous dois.

Mes Révérends Pères, vous avez eu la bonté de quitter vos solitudes pour venir m'aider de vos prières à cette heure si importante de ma vie. Vous m'avez assisté, vous avez été mes répondants, au moment où je reçois mon armure pour les travaux et pour les combats de l'avenir. Je vous remercie. Il n'est pas nécessaire que je fasse ici un long discours : notre entretien doit se continuer plus tard. Bien souvent, en effet, j'aurai besoin de recourir à votre charité, à la sagesse de vos conseils, et sans doute aussi à vos encouragements. C'est un droit que me donne votre bonté encore plus que ma jeunesse.

Permettez-moi d'exprimer un double regret qui m'attriste en ce moment. Mon vénérable Père, retenu sur sa couche par son âge et ses infirmités, n'a pu m'accompagner ici. Qu'il m'eût été doux, cependant, de le voir à mon côté et de recevoir comme de ses mains l'investiture de la charge qu'il me remet ! Mais il me reste là-bas. Daigne le Ciel entendre mes vœux et le conserver longtemps encore, pour que nous soyons édifiés par ses vertus, fortifiés par ses exemples, dirigés par ses conseils qui seront toujours pour moi des ordres !

Le Révérend Père Abbé de Melleray devait se trouver à ce rendez-vous. Je me promettais de voir se cimenter ici des liens qui ont déjà commencé à se nouer, et que le bon voisinage, j'en ai la certitude, rendra de jour en jour plus intimes. Il y a trois jours, il a été pris d'une maladie grave, qui l'a empêché de venir; j'ai la confiance que cette infirmité ne sera que passagère.

Je voudrais vous dire maintenant, Monsieur le Supérieur, pourquoi j'ai désiré que cette belle cérémonie se fît ici. C'est d'abord parce que je suis enfant de Mongazon. Ici j'ai passé le beau temps de ma première jeunesse; ici encore, après six années d'absence, je retrouve Celui qui fut pour moi un Père, et près de vous, Monsieur le Supérieur, je vois aussi ceux qui longtemps me prodiguèrent leurs soins affectueux. Souvent j'avais désiré que me fût donnée l'occasion de venir déposer à vos pieds l'hommage de ma filiale reconnaissance : la Providence m'en a fourni une à laquelle ni vous ni moi n'eussions jamais pensé ; j'ai été heureux de pouvoir la saisir.

J'avais encore une autre raison; mais si vous voulez la connaître, consentez, je vous prie, à entendre une petite page jusqu'ici inédite de l'histoire de l'Eglise d'Angers et de notre monastère de Bellefontaine.

Vous connaissez tous l'émouvante odyssée des pauvres exi'és du monastère de la Trappe pendant la Révolution : la France, l'Europe entière refusait une solitude à ces amis du silence et de la prière ; les plages lointaines du Nouveau-Monde leur donnèrent pour quelque temps l'hospitalité; mais à peine les portes de notre pays s'étaient-elles ouvertes pour eux, que déjà nos rivages revoyaient les Trappistes : car, même pour les religieux, la patrie est toujours la patrie.

Cinq d'entre eux, sous la conduite du Père Urbain, apparurent dans ces contrées. Pauvres moines, ils étaient sans pain, sans gîte, vrais disciples de Celui qui n'eut pas même sur la terre où reposer sa tête. Qui leur vint en aide dans cette extrémité; qui les accueillit dans leur abandon?... M. Mongazon.... Lui-même les reçut sous son toit ; lui-même leur chercha une solitude ; le monastère de Bellefontaine était de nouveau fondé, et ainsi la petite colonie du Père Urbain devenait la famille de M. Urbain Mongazon.

Si les Trappistes, oubliant un instant la gravité de leur silence et l'austérité de leur vie pénitente, venaient un jour à produire les sentiments de leurs cœurs, et à votre exemple célébraient la fête de leur fondateur, quel ne serait pas votre étonnement d'entendre ces bons moines de Bellefontaine faire écho aux élèves de Mongazon et chanter à l'unisson :

> Vive Urbain dans tous les cœurs,
> Vive sa loi paternelle.

Dès lors, les liens les plus étroits unirent M. Mongazon au monastère des Trappistes; il aimait à y venir souvent chercher le repos de la solitude, et goûter, comme il le disait, le bonheur de pouvoir obéir.

Chaque année même, il amenait tous ses enfants, qui venaient bannière déployée à notre maison. Par une coïncidence qui me touche, il se trouve que la fête de saint Joseph, où l'abbé de la Trappe est béni à Mongazon, était le jour même choisi par M. Mongazon pour nous rendre sa pieuse visite. — La tradition n'en a point été interrompue ; maintenant encore, à la même époque, les échos de notre solitude sont réveillés par les cris joyeux des élèves de Beaupréau.

Cependant la petite famille de Bellefontaine s'était augmentée ; elle allait choisir son premier Abbé. M. Mongazon était toujours près d'elle ; lui-même présidait l'élection, et les enfants de saint Bernard recevaient un Père de sa main. Père vraiment digne de ce nom, avec lequel je n'ai qu'un trait de ressemblance, c'est d'avoir été comme lui mis à vingt-six ans à la tête des religieux de Bellefontaine. Plusieurs de ceux qui sont ici présents ont été à même d'apprécier son mérite, de s'édifier de ses vertus ; son digne Evêque, Mgr Montault, l'avait admis dans son intimité, et s'il m'était permis de révéler un secret, vous avoueriez peut-être que ce diocèse doit au Révérend Père Marie-Michel d'avoir conservé M. Mongazon.

Heureux souvenir !! Doux passé !!... Mais le présent nous apporte un autre bonheur. Mgr Montault et M. Mongazon revivent pour Bellefontaine dans notre vénéré Pontife, qui lui continue leur bienveillante protection ; M. Mongazon revit aussi au petit-séminaire d'Angers, et les Trappistes y retrouvent toujours sa sympathie pour eux, son esprit, son cœur, et son nom béni.

« Que Mongazon vive longtemps ! » (1)

Je vais, Messieurs, commettre une indiscrétion. — Il y a un demi-siècle environ, dans la ville de Nantes, deux âmes s'étaient liées d'une tendre amitié. Bientôt l'un des deux amis se sent

---

(1) Vers d'un cantique bien connu des élèves du Petit-Séminaire.

appelé dans la solitude ; il vient à Bellefontaine prier pour celui qu'il ne quitte qu'à regret.

Quelques années plus tard, M. Angebault, non moins recommandable par son mérite que par ses vertus, est , de son côté, promu à l'évêché d'Angers. Sa modestie se trouble, son humilité s'effraye , il expose ses craintes à son ancien ami devenu Abbé de notre monastère : et peut-être le diocèse pourrait-il se croire, en quelque façon, redevable au Révérend Père Fulgence d'une longue suite d'années de bonheur. — Les pauvres Trappistes avaient aussi retrouvé un protecteur.

Le petit-séminaire d'Angers avait grandi ; le nouvel Evêque le choisit pour sa famille de prédilection , mais il adopte en même temps le modeste troupeau de son ami , sa bienveillance lui est acquise : il la lui témoigne en toute circonstance, et parfois même il laisse s'échapper à Bellefontaine quelques-uns de ses enfants de Mongazon. Aujourd'hui enfin , il vient de sceller le traité déjà conclu entre les deux sœurs, en bénissant à la fois l'enfant de M. Mongazon et l'humble successeur du P. Urbain.

L'abbé de Bellefontaine sera donc encore uni à l'Evêque d'Angers : les liens de réciproque amitié viennent de se changer en d'autres liens. Sont-ils plus doux.... le sont-ils moins.... je ne sais : à un ami succède un enfant.

Mes chers petits frères, depuis plusieurs jours on me parlait des grands préparatifs que vous faisiez pour cette fête de famille ; j'étais touché de cette marque d'affection envers votre ainé, mais j'avoue que la réalité surpasse encore tout ce que je m'étais imaginé : sans doute, vous avez pensé qu'il devait y en avoir pour ma vie entière.

Je voudrais aussi pouvoir remercier dignement ceux qui ont augmenté la joie de cette solennité par leurs harmonieux concerts , et répondre à la magnifique poésie qui vient de m'être adressée ; mais hélas !... que peut un pauvre Trappiste ?

« Pour moi Phébus est sourd et Pégase est rétif. »

Merci à l'amitié généreuse dont la délicate offrande me rappellera un droit acquis par elle à chacune des bénédictions que ma main demandera au Ciel. Vous sollicitez, par cet anneau, la fidélité de mon affection : Seigneur, exaucez ma prière, et que l'amour divin soit à jamais le lien de notre union !

Mille bénédictions à tous les amis de Mongazon et de Bellefontaine qui sont venus réjouir de leur présence cette fête de famille.

Mais il me reste encore à accomplir un suprême devoir de reconnaissance, et peut-être est-on déjà surpris qu'un religieux n'ait pas, à l'imitation du grand Apôtre, commencé par remercier l'Auteur de tout bien. Oui, sans doute, je lui dois mille actions de grâces : *Benedictus Deus et Pater Domini nostri Jesu Christi qui benedixit* me *in omni benedictione spirituali.* Cependant j'hésite, je crains. Dieu a-t-il accompli en moi une œuvre de miséricorde ou de justice ? Saint Bernard, malgré toute sa vertu, s'est vu un instant près de quitter Clairvaux, qu'il ne pouvait conduire..... Mais quelle que soit ma faiblesse, je veux espérer. Les prières d'un vénérable Evêque, d'un Père bien-aimé, seront ma force, ses conseils seront ma sagesse. J'espère aussi que tant de bienfaiteurs, de frères et d'amis, venus aujourd'hui demander pour moi les bénédictions du Ciel, me continueront le secours si nécessaire de leurs prières. Mongazon, surtout, n'oubliera point qu'un de ses enfants est en péril. Si, de mon côté, je ne puis seul répondre à tant d'obligations, les prières des religieux de Bellefontaine, et, par-dessus tout, la bonté du Seigneur, qui voit le désir de mon cœur, m'aideront à payer cette dette de reconnaissance, et tous, j'espère, nous verrons s'accomplir dans l'éternité le souhait que l'Eglise vient de mettre en ma bouche : *Ad multos annos.*

La réponse à ce discours fut spontanée, unanime : les applaudissements redoublèrent et furent bientôt suivis du cri de : *Vive Urbain dans tous les cœurs !...* Urbain que l'on connaissait maintenant sous un nouvel aspect, comme l'ami et le bienfaiteur de Bellefontaine.

M. le Supérieur saisit ce moment. Il se leva et son cœur

lui inspira ces quelques paroles que nous reproduisons de mémoire : c'était à la fois l'expression d'un désir et un gracieux compliment qui s'adressait non seulement au R. Père, mais aussi à plusieurs des assistants.

« C'est à moi, mon cher et Révérend Père, dit-il, qu'il conviendrait de garder le silence, afin de laisser tous les cœurs sous le charme de vos paroles. Mais j'ai une requête à présenter et le moment favorable me semble venu. Tous ici appuieront ma demande, et j'ai besoin de nombreux auxiliaires, car il s'agit de remporter une victoire difficile : j'ai à triompher de l'humilité d'un Trappiste, et d'un Trappiste qui, à vingt-six ans, a été jugé digne du premier rang !

Nous avons, vous le savez, une petite galerie de tableaux : ce sont des portraits de famille. Votre place y est naturellement marquée. Nous mettons là ceux que nous aimons, que nous vénérons et qui nous font du bien. A tous ces titres, vous devez y figurer. Nous vous aimons, nous avons essayé de vous le prouver par l'éclat de cette fête. Les uns vous aiment comme des pères aiment un fils dont ils sont fiers, les autres, comme des frères chérissent un aîné, et pour qu'on le sache bien, ils ont voulu l'attester dans une des inscriptions dont ils ont orné cette salle : *Frater noster est.* Nous vénérons en vous les précoces vertus et le caractère auguste que vous venez de recevoir. Enfin vous nous avez fait du bien en répandant sur nous vos premières et affectueuses bénédictions ; vous nous en ferez encore par vos prières. — Cette *belle fontaine* dont parlait tout à l'heure Monseigneur, enverra jusqu'à nous ses eaux vivifiantes. Votre image elle-même rappellerait à nos chers élèves quels rapides progrès on peut faire lorsqu'on prête à la grâce le concours d'une énergique volonté. Vous ne pouvez pas vous refuser à de si justes désirs : votre charité et votre zèle devraient au besoin faire taire votre modestie.

Pour tous ces motifs, laissez-nous espérer, mon cher et Révérend Père, que vous voudrez bien profiter de votre séjour à Angers et de ce beau soleil pour poser devant le photographe. »

La demande était éloquente, solennelle, touchante ; elle répondait aux vœux de tous et, en particulier, au désir qu'avait exprimé la famille du jeune Père. Hélas ! il est rentré dans son désert sans nous exaucer. C'eût été, paraît-il, une trop grave infraction aux traditions austères de la Trappe ; son refus nous afflige sans nous étonner.

On eût pu désormais croire la fête finie ; mais les élèves ne l'entendaient pas ainsi. Ils avaient préparé un tournoi d'un nouveau genre, moins brillant que ceux d'autrefois, mais non moins attrayant pour eux. Nos plus illustres hôtes eux-mêmes poussèrent la condescendance jusqu'à encourager par leur présence ces jeux d'enfants. Le Père Abbé de Bellefontaine crut qu'il était de son devoir de décorer les chefs qui ont su former de tels soldats ; il leur donna à chacun une médaille. — On nous pardonnera ces détails en faveur des élèves qui y attacheront tant de prix.

Le soir nous ménageait encore une surprise. Le Père Jean-Marie se laissant persuader par son humilité que c'était à lui d'être reconnaissant, ne s'est pas contenté de nous dire merci par ses paroles. Ce jour-là même, on amenait à Mongazon, de la part des bons Trappistes de Bellefontaine, une génisse élevée par eux. Qui ne verrait là, avec le charme des mœurs antiques, un trait d'ingénieuse délicatesse ?

Aujourd'hui la fête est passée, et tout à l'heure il n'en restera plus aucun vestige. Les choses ont repris leur marche accoutumée. Le Père Abbé de Bellefontaine est retourné au milieu de ses religieux ; il porte désormais, sur ses jeunes épaules, son double fardeau d'autorité et de pénitence ; ses anciens amis de collége et de séminaire ont retrouvé dans le monde ou dans l'Eglise la place que Dieu leur a marquée ; les maîtres et les élèves de Mongazon sont rentrés dans la vie régulière du collége. Est-ce que tout est fini ?... Oh !

non, grâce à Dieu ! Si les fêtes, même les plus belles, durent peu sur la terre, les salutaires impressions qu'elles font naître dans l'âme demeurent ; les précieuses semences de grâce que Dieu a jetées dans les cœurs donneront leurs fruits en leur temps, fruits de zèle et de dévouement pour les maîtres, et pour les enfants fruits de travail, d'obéissance et de lutte contre eux-mêmes ; pour tous, fruits de salut et de vie. Nos élèves confirment cet espoir, en nous disant tous les jours dans le confiant abandon de leur langage : « Oh ! jamais nous n'oublierons une telle fête ! »

L'abbé A. FILLION.

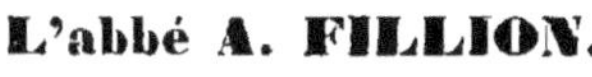

www.ingramcontent.com/pod-product-compliance
Lightning Source LLC
Chambersburg PA
CBHW071426030726
47594CB00006B/2597